L'Administration du Grand Conseil des Sociétés de Secours Mutuels

à Messieurs les Présidents, Syndics et Membres de toutes les Sociétés de Secours Mutuels de la Commune de Marseille.

Dans sa séance d'installation du 3 Mars 1876, la nouvelle Administration du Grand Conseil a décidé d'exposer les motifs du contre-projet de règlement, et de répondre, par un rapport détaillé, aux écrits injurieux publiés sur les actes administratifs qui ont eu lieu depuis l'établissement de cette institution, notamment au rapport fait par Mr Germain, au nom de la Commission de révision du règlement, en date du 17 Janvier 1876. Elle a chargé Monsieur Maurel, son président, de la rédaction de ce travail qui a été adopté dans la séance du 14 Mars 1876, pour être distribué à tous ceux qui ont intérêt à le connaître.

Messieurs,

La Commission nommée pour proposer des modifications au règlement du Grand Conseil ne s'est pas bornée à vous présenter son projet ; elle a tenu à publier un rapport qui est une diatribe violente et calomnieuse contre l'Administration. Dans une pensée de conciliation, nous avions demandé et voté l'impression seule du règlement projeté ; on n'a pas voulu nous écouter et l'on a passé outre au refus de l'impression et de la distribution du rapport, qui se trouve ainsi dans toutes les mains. Mais nous ne pouvions alors laisser répandre des attaques injurieuses compromettant notre dignité et la vôtre. En exigeant le respect pour nous, nous l'exigeons pour vous-mêmes ; et si quelques-uns d'entre vous ont cru utile de laisser ces attaques se produire au grand jour, à la veille des élections, ils ne peuvent faire moins que de nous permettre, aujourd'hui que l'Assemblée générale a prononcé, de nous justifier, et nous les prions de suspendre toute discussion et leur jugement jusqu'à ce que nous ayons publié et distribué notre défense. Ce sera au moins une application logique du principe d'égalité dont le rapport nous parle tant. Quoiqu'il arrive, cependant, nous ferons respecter le mandat qui nous a été confié, et le remettrons intact à nos successeurs.

Le rapport cite la fondation du Grand Conseil en 1821, parle des modifications que le temps a apportées successivement dans son premier règlement, et arrive tout de suite à la publication qui fut faite en 1868, disant que jamais d'autre règlement ni ces modifications n'avaient été sérieusement discutés. Il passe sous silence celui qui fut élaboré, adopté et imprimé en 1852; le projet d'une commission de 20 membres nommée en assemblée générale le 15 Novembre 1863, laquelle fit un projet qui fut adopté le 21 Février 1864; il ne parle pas non plus des modifications discutées et votées par l'assemblée générale du 17 Février 1867. Il se demande, tout en ayant l'air d'en douter, si le Grand Conseil a rempli le but que s'étaient proposé ses fondateurs et s'il s'est acquitté dignement de sa mission. Nos annales sont remplies de faits qui répondent amplement à ces questions et avant d'en énumérer quelques uns des principaux, nous dirons que le Grand Conseil n'a pas de programme déterminé et n'a pas besoin d'en avoir. Il s'occupe de tout ce qui intéresse les sociétés de secours mutuels, mais sa mission spéciale est de juger arbitralement les contestations qui lui sont soumises. Hors de là il n'exerce qu'une influence relative et n'a pas le droit de convoquer les membres des associations mutuelles. Il compromettrait son existence s'il s'avisait de les fédéraliser, c'est-à-dire de réunir leurs chefs en un seul corps. Les Sociétés de Secours mutuels sont autonomes, elles ont chacune leur règlement particulier, et bien que ces règlements aient entre eux plusieurs points de ressemblance, il n'en est pas moins vrai qu'elles doivent délibérer chacune à part sans se mêler de ce qu'une autre a pu faire; sans quoi il serait plus rationel de les fusionner toutes en une seule, et c'est là précisément que se trouve l'écueil ; c'est ce que la loi ne permettra jamais, sous quelque régime que ce soit.

Nos actes et nos conseils ont toujours eu pour but de maintenir les sociétés dans les voies de l'ordre et de la légalité. L'Administration, loin d'être rétrograde et de n'avoir jamais rien fait, comme on le lui reproche, a toujours travaillé au progrès de la mutualité, à l'amélioration de son fonctionnement et à la mise en pratique de sa législation.

En 1845, le Grand Conseil élaborait un projet de pharmacie spéciale, dont le rapporteur de la commission était Mr Breton ;

En 1852, il refondait l'ancien règlement et en adoptait un nouveau qui se trouve encore dans les archives de plusieurs sociétés ;

En 1852, nouvelle étude du projet de pharmacie spéciale par une Commission présidée par Mr Ropion ;

En 1858, sur la publication de sa circulaire du 9 Décembre, le Grand Conseil fait approuver les quatre cinquièmes des Sociétés de Marseille, et leur donne des statuts uniformes que la Commission Supérieure dans son rapport sur les opérations de l'année 1859, a qualifiés de statuts-modèles. Elle dit que la prospérité de nos sociétés

« doit être attribuée en grande partie à l'action puissante « du Grand Conseil qui n'a cessé, depuis sa fondation, « de travailler au développement des vrais principes de la « mutualité, à la réforme des abus, à l'apaisement des « contestations, et est parvenu à maintenir l'ordre, l'har- « monie et la paix au sein de toutes les sociétés qui se « sont rangées sous sa loi. »

En 1859, propagande très active dans les Sociétés, pour la création des caisses de retraite qui assurent aujourd'hui une pension aux invalides et dégrèvent d'autant les fonds de réserve;

En 1860, publication d'un mémoire pour faire diminuer le taux d'abonnement au service médical;

En 1865, création, organisation et ouverture de la Pharmacie Spéciale sur les nouvelles études d'une Commission présidée par M. Maurel;

En 1868, négociations et traité passé entre le Grand Conseil et l'Administration des inhumations, pour la réduction du tarif des funérailles en faveur des Sociétés de la Ville.

Nous ne citerons que pour mémoire le décret rendu à Bordeaux, le 18 Janvier 1871, par lequel le gouvernement de la Défense Nationale faisait participer le Grand Conseil à l'administration de l'Assistance publique.

En 1873, rédaction et publication de modèles de formules adoptées par le ministère de l'Intérieur pour la liquidation des pensions de retraite.

Puis, formules de certificats de vie et de délibérations pour retrait de fonds de la Caisse d'Epargne.

Nous ne comptons pas les nombreuses Sociétés que le Grand Conseil a aidé à fonder, qu'il a organisées et installées dans les meilleures conditions de durée.

Voilà nos faits, voilà nos actes. Ils seraient plus nombreux si nos opposants avaient voulu nous aider. Nous nous souvenons avoir fait adopter par les Sociétés adhérentes à la pharmacie spéciale, le 10 Novembre 1871, une proposition à laquelle on n'a pas encore donné suite, et qui concernait l'établissement d'une lingerie pour les Sociétaires qui se trouveraient dans la nécessité d'y avoir recours. Cette lingerie contiendrait, outre le linge de rechange, des attèles en bois, du carton, de l'amidon et des bandes pour les fractures; des bains de siége, des appareils pour fumigations et bains de vapeur; de petits lits complets pour être dressés auprès de ceux des malades ou pour servir à ceux-ci selon le cas; divers ustensiles que l'on n'a pas toujours sous la main au moment voulu, &a. &a.

Nous citons des faits, nous citons des dates, l'opinion jugera. On nous oblige à parler de nous-mêmes et à mettre toute modestie de côté ; mais partout, on le sait, les chefs élus ou non sont soumis à ces petites tortures que l'on dédaigne très-souvent, et que parfois l'on prend au sérieux lorsque la publicité s'en mêle. On endure patiemment, on se garantit autant que possible de la faiblesse de descendre dans l'arène de la polémique et on se défend par ses œuvres ; mais ici il faut répondre, sous peine de laisser croire à la vérité des accusations.

Le préambule du rapport de la Commission prétend avoir dit des vérités dures à entendre : tant pis « pour ceux qui se sont mis dans le cas de les mériter » Voilà de la pédanterie, par exemple. On croirait voir un magister se disposant à corriger ses petits élèves. Ainsi débute le rapport qui ajoute immédiatement : « Du reste « si l'on n'est pas coupable, l'on ne doit pas craindre « les accusations. » Le rapporteur, qui sait bien qu'il en reste toujours quelque chose, s'érige ici en accusateur public, répand au loin ses accusations et vient nous dire ensuite : si vous n'êtes pas coupable, défendez-vous, ce qui veut dire : cédez-nous la place, à nous les agneaux, car vous êtes « depuis trop longtemps l'effroi de nos sociétaires « mais le temps est passé où l'on cédait à l'arbitraire » Cela serait plaisant et nous pourrions en rire si le sujet qui nous occupe n'était pas aussi grave. La galerie s'en amusera certainement, mais ce n'est pas notre affaire. Dans tous les cas, c'est là une étrange façon d'entrer en matière. Les artistes lyriques prennent ordinairement le ton de la pièce qu'ils vont jouer. Le rapporteur de la Commission fait de même et, dès la première page, il donne le ton du morceau qu'il va nous débiter. La Commission a cru, dit-il, « devoir trancher dans le vif et faire une guerre acharnée aux abus et à la routine. En un mot, elle n'a plus voulu d'articles faciles à éluder et qui grandissent quelques uns au détriment de tous. » Fort aimable, comme on voit, le rapporteur, et nous commençons à peine c'est à en avoir le frisson.

Soyons pourtant sérieux et avant que l'on nous démolisse comme on s'en est flatté le 28 Septembre 1875, pendant une séance de la Commission, et avant que l'on démolisse notre règlement, comme on l'a écrit à la page 35 d'une fameuse brochure, et comme on le dira plus tard dans un journal en projet, où l'on nous réserve un éreintement de première classe, avant que l'on nous démolisse, disons-nous, examinons les matériaux qui vont servir à la reconstruction; c'est-à-dire au projet de règlement élaboré par la Commission. Nous passerons ensuite au contre-projet de l'Administration et nous donnerons enfin nos conclusions. Nous répondons au réquisitoire, c'est notre droit, et nous en usons avec cette différence que le ton n'en est pas le même.

Dans l'ancien règlement, que la susdite brochure et le rapport qualifient plusieurs fois de mauvais, qui blesse les sociétaires et qui se compose de 30 articles, la Commission en laisse subsister 18, l'administration en conserve 20. Les douze articles modifiés par la Commission concernent le mode d'élection et les pouvoirs du président, et suppriment le stage des administrateurs et les garanties de leur moralité. Les modifications proposées par l'administration portent sur les mêmes articles; avec des différences très sensibles.

Dans le projet de la Commission, le 3e paragraphe de l'art. 1er donne pouvoir aux membres du Conseil de connaître les affaires adressées par l'autorité au Président du Grand Conseil, de les étudier et de faire des rapports lorsqu'ils seront demandés. Le rapporteur signale le danger de l'état actuel et les abus qu'il a fait commettre. Il parle de rapports inutiles et il s'en fâche; mais s'il s'en est fâché c'est qu'apparemment il y avait quelque chose qui le touchait. Disons pourtant que lorsqu'il s'est agi d'un règlement rédigé par le rapporteur lui-même; le président du Grand Conseil lui a fait des observations

beaucoup plus courtoises que ne le sont les expressions employées dans le rapport et ailleurs, et il a pu se dire qu'en tel cas il a eu tout à gagner à n'avoir affaire qu'à un seul examinateur. Mais il l'a dit dans sa brochure page 11 : « Ce n'est que pour ce cas particulier qu'il demande la révision. » D'ailleurs, les avis de l'autorité ont toujours été communiqués à l'administration lorsqu'ils n'ont pas eu de caractère personnel. Le caprice d'un seul n'a donc rien à faire ici, et la plupart des opposants n'ont que ce prétexte à mettre en avant. Mais qu'ils ouvrent les statuts de leurs sociétés et ils y verront art. 12. que « le président repré-
« sente la société dans tous ses rapports avec l'autorité
« publique. » Le président du Grand Conseil ne fait pas autre chose, et si on lui enlève ses prérogatives, c'est vouloir se faire présider par un soliveau.

Dans l'art. 2, la commission a cru urgent de porter le nombre des Administrateurs à 24. Nous trouvons que c'est trop. Il y en avait 17 et cela suffisait. Douze conseillers connaissant de toutes les questions, trouveront plus d'aliment à leur zèle et à leur intelligence que 18 divisés en deux sections dont une ne sera occupée, dit-on, qu'à vérifier les règlements, les rapports et toutes les communications. Mais ce travail se fait beaucoup mieux dans le silence du cabinet qu'au milieu d'une discussion entre plusieurs, et comme très souvent les renseignements sont demandés d'urgence, il faudra que la section administrative se déclare en permanence pour discuter la communication, nommer un rapporteur, faire un rapport, l'approuver et l'imposer à la signature du président qui aura seul qualité pour répondre à un document privé. Et pense-t-on que les sociétés qui, souvent par inadvertance, auront pris quelques dispositions extra-legales, seront bien aises d'être ainsi prises en flagrant délit d'erreur par une commission plus ou moins nombreuse? Mais encore, où trouve-t-on que l'autorité doive s'adresser à une réunion d'hommes pour obtenir des renseignements qu'elle peut avoir de n'importe quel président de société fonctionnant depuis quelques années?

L'autre section, dit le rapport, aura à concilier et à juger les affaires qui surgissent au sein des sociétés : ce sera la section judiciaire. Mais la connaissance des lois et règlements ne s'acquérant d'une manière pratique que par l'audition des débats contradictoires qui ont lieu à la barre du Grand Conseil pourquoi priver ceux qui auront acquis cette connaissance de renseigner l'autorité et de pratiquer ainsi ce qu'ils auront pu recueillir d'utile? Ou bien encore, pourquoi ceux qui auront pu renseigner—

l'autorité ne pourront-ils pas faire profiter de leurs lumières des plaignants qui n'auront failli que par ignorance? Il vaut donc mieux réunir, en moins grand nombre, tout le Conseil et le faire participer à tous les travaux; chacun y trouvera son compte. Il n'est question ici que des jugements. Mais le rapport parle des affaires à concilier. Tout le monde sait, et le président plus que tout autre, que les conciliations s'opèrent en quelque sorte à huis clos, c'est-à-dire en tête-à-tête et en prenant chaque adversaire à part. La confrontation n'amène pas tout d'abord de bons résultats, elle ne doit avoir lieu que quand le terrain a été bien préparé. C'est là une besogne de tous les jours à laquelle se livre le président du Grand Conseil, et il a la satisfaction de dire que presque toujours il a réussi dans cette mission, la plus belle et la plus consolante, sans contredit, de toutes celles dont il peut être chargé. C'est à propos de cet article 2 que le rapport (page 6, et la brochure, page 15) parle de marchepied pour les ambitieux, de partialité, d'égalité et autres aménités de même espèce.

Le dernier paragraphe de ce même article dit que toutes les fonctions au Grand Conseil sont gratuites et obligatoires. Il ne manque qu'un troisième adjectif pour que l'imitation d'une autre chose soit complète. Nous ne disons rien de la gratuité, chacun sait ça. Mais en ce qui concerne l'obligation, elle nous semble dérisoire puisque l'on dit plus loin, et dans les deux projets, qu'après trois absences consécutives on sera considéré comme démissionnaire. Nous pourrions dire au rapporteur et à un autre des membres de la Commission, qu'ils ont fait bon marché de cette obligation pendant qu'ils étaient administrateurs du Grand Conseil, et que leur absence souvent répétée n'a motivé de la part du président aucun acte de rigueur, de despotisme, de tyrannie, de dictature, etc. A côté de cette inexactitude, que l'on cite une seule séance à laquelle le président ait manqué.

Puisque nous parlons d'absence qu'il nous soit permis de dire que, dans la séance où le projet de modifications a été voté, le rapporteur ne s'y trouvait pas, et que sur l'observation du président, que Mr Germain ne pouvait faire le rapport, Mr Dol dit : s'il ne le fait pas, je le ferai moi-même. Le rapport se fait au nom de Mr Germain ; et le jour où la Commission est réunie pour en entendre la lecture, le rapporteur ne parait pas, sans même avoir prévenu personne de son absence. Force fut de renvoyer cette lecture à un autre jour.

L'art. 1er, on l'a vu, traite du président, l'art. 2

traite encore du président, et l'art. 3 traite toujours du président. Il n'est pas, dans les contes d'enfant, de Croquemitaine plus terrible. Aussi la brochure déjà citée le dit-elle tout au long : Enlevons-lui ses pouvoirs nous lui rendrons service. Le rapport le dit d'une autre façon, page 7 : « nous avons modifié les
« pouvoirs présidentiels de manière à ne pas créer des
« embarras dans ces fonctions, mais bien pour simplifier
« la tâche et la réduire au vrai rôle de ..... président. »
Ce même article revient sur les communications de l'autorité que le président doit transmettre à la section respective « sans y rien changer ni modi-
« fier » (!!!!) Comprend-on un président qui change et modifie des pièces officielles ? Evidemment ce n'est pas pour des français qu'on a écrit cela. Aussi, de par la Commission, et de quelque nature que soit la communication, « ce sera le Grand Conseil qui
« donnera son avis et non personnellement aucun de
« ses membres aussi haut placé qu'il fut » « Il le
« faut pour son honneur, pour ne pas créer de
« dictature et pour ne pas se courber devant un
« seul. » cela, dit-il plus bas, ne laissera plus de place à la fantaisie et à l'arbitraire. Toujours aimable le rapporteur.

Dans l'art. 7, et au sujet des élections, la

Commission propose une mesure qu'elle appelle radicale. Mais les art. 8, 9, 10 et 11 du projet de l'administration vont plus loin que cela. D'abord on veut supprimer le stage, on n'en parle même pas dans le rapport, et pour cause, les candidatures de circonstance auraient ainsi beau jeu. Ensuite on exige, pour le tour de rôle, la présence à l'assemblée dans laquelle la nomination aura lieu. Mais alors ce ne sera plus un tour de rôle, et il ne faudra qu'une indisposition, un accident, un retard involontaire, une cause fortuite et même une distraction pour exclure des conseillers dont l'aptitude ne saurait être contestée. L'art. 14 de notre contre-projet est plus libéral que cela et pare à des réclamations qui ne manqueraient pas de se produire.

Notre art. 16 est aussi plus libéral que l'art. 8 du projet de la commission. On laisse à l'administration le droit de pourvoir aux vacances qui pourront se produire dans les fonctions du Bureau. Nous laissons, nous, ce droit à l'Assemblée Générale.

L'art. 11 porte que des assemblées générales extraordinaires pourront avoir lieu lorsque trente membres en feront la demande. Mais par le temps de réunions fréquentes qui court, il ne sera pas difficile de trouver trente personnes qui voudront toutes les fois que cela leur plaira, en déranger trois cents. On finirait, avec ce système, par ne plus pouvoir réunir que les demandeurs eux-mêmes. Et comme ordinairement après une assemblée en nombre insuffisant les assemblées suivantes peuvent délibérer, il s'ensuivrait que les trente pourraient dans certains cas faire la loi aux 300. Notre contre-projet exigeant la présence du cinquième au moins, des membres inscrits, pour délibérer valablement, nous avons cru devoir proposer aussi le cinquième pour demander la tenue des assemblées extraordinaires.

A propos de son art. 24, le rapport dit qu'il est temps de « fermer la porte à ceux qui ne craignent pas de faire servir leur titre de président ou
« de syndic pour satisfaire leur ambition personnelle ;
« qui se permettront de signer des circulaires politiques
« ou intrigueront pour n'importe quel parti ; qui feront
« la chasse aux honneurs et aux décorations; qui se
« serviront du manteau philanthropique pour satisfaire
« leur soif d'ambition : » et il ajoute que l'on ne doit pas approuver les fantaisies d'un ambitieux. Voilà une réunion de gros mots qui indique chez l'auteur ses véritables sentiments de fraternité. Seulement ces mots se trompent d'adresse, car aucun de nous, administrateurs, ne les acceptera pour son compte.

En fait de politique, nous renverrons la balle à nos opposants qui pourront dire comme l'eunuque : Nourri dans le sérail j'en connais les détours. C'est, dit on enfin ; « avec ces idées philanthropiques que la commis-
« sion a étudié les rouages vieillis du Grand Conseil. » On a sans doute voulu parler des hommes vieillis dans les travaux du Grand Conseil et qui ont conservé ses lois traditionnelles, car pour ce qui est des rouages, ils sont très-simples et n'exigeaient pas une étude de neuf mois. La Commission a donc pris autant de peine que la montagne pour accoucher d'une souris.

Nous devons appeler ici l'attention de nos adhérents sur la suppression, que la Commission a cru devoir faire, de l'art. 27 de l'ancien règlement qui exclut du Grand Conseil les condamnés, les ivrognes, les concubinaires, les faillis, &c. Elle veut, dit-elle, fermer la porte aux ambitieux, et elle commence par l'ouvrir aux hommes tarés. L'Administration a cru devoir rétablir cet article dans son contre-projet.

Après avoir énuméré les articles du projet de la Commission, le rapporteur, craignant, sans doute, que les expressions libérales, fraternelles et égalitaires dont il s'est servi aient passé inaperçues, y revient une dernière fois, nous disant qu'ainsi « la Com-
« mission a marché hardiment en avant. » Puis

viennent « les droits trop longtemps méconnus », la nécessité de « donner moins de pouvoir à un seul homme » et de n'être plus « soumis à une dictature ; de montrer au doigt comme un intrigant celui qui voudra « se parer d'un titre qui ne lui a été confié que pour « s'occuper des intérêts de ses sociétaires et non de ses « intérêts personnels. » Il faut, dit-il, « choisir entre « la liberté et la routine (!), entre la route franchement « éclairée et les ténèbres du hasard » (!!), et l'on s'adresse aux hommes « libres et indépendants. » (!!!) On nous pardonnera toutes ces nombreuses citations qui sont de la plus scrupuleuse exactitude, mais on nous permettra de dire, au sujet du mot intrigant, souligné ci-dessus, que le manuscrit du rapport portait : « intrigant de bas étage » La diffamation morale ne peut être poussée plus loin : le rapporteur s'est légèrement amendé dans son autographie, mais cet amendement ne nous dispense pas de protester énergiquement contre toutes ces personnalités injurieuses, et de mettre sous la protection, non seulement des présidents et des syndics, mais de tous les membres de toutes les sociétés de secours mutuels, notre honorabilité, nos actes passés et présents, nos labeurs, nos peines, notre dévouement et les fruits de notre longue expérience. Nous en appelons à tous des accusations de quelques uns, et si, par impossible, leur justice nous faisait défaut, la voix de notre conscience nous suffirait :

Nous arrivons maintenant au contre-projet de l'Administration, en faisant remarquer que l'article 9 donne aux fonctions du président une durée de cinq ans. L'importance de ces fonctions, le calme des assemblées et la logique font une nécessité de cette mesure. Si le décret du 18 Juin 1861 a cru de l'intérêt des sociétés de nommer le président pour cinq ans, combien cet intérêt est plus grand pour un poste qu'il ne faut pas livrer chaque année à des compétitions de fantaisie. Selon les paroles du Ministre de l'Intérieur, il serait à craindre qu'un délai plus restreint fut de nature à décourager les hommes dévoués au bien public.

Les Conseillers sont nommés pour deux ans, et le chef du Conseil ne peut se promettre qu'une année d'existence : c'est une anomalie. Aux termes de ce même article le président devra avoir rempli pendant trois ans au moins une des fonctions du Bureau. Quoi de plus naturel que de placer à la tête de l'Administration l'un de ceux qui ont déjà travaillé à son fonctionnement. Le Vice-président, le secrétaire et le vice-secrétaire seront nommés pour une durée de trois ans, et devront avoir rempli pendant deux ans au moins les fonctions de président ou de syndic dans leur société. Cette loi du stage n'est pas nouvelle, on la retrouve partout; qu'elle s'appelle stage, noviciat, candidature ou surnumérariat, c'est toujours la même chose; et son application, qui est une sorte d'hommage à l'expérience acquise, évite bien des mécomptes. On se rappelle que fatiguée du tumulte qui avait lieu chaque année le jour des élections, l'Assemblée générale du 18 Février 1866 nomma le président du Grand Conseil pour une durée de cinq ans, et que pendant cette période les séances ont été d'un calme parfait.

L'art. 10 établit le tour de rôle pour les conseillers, ce qui, avec la durée de cinq ans, pour la présidence et celle de trois ans pour les autres fonctions du Bureau, fait disparaître le scrutin de liste qui trouble chaque année la paix de nos réunions et leur enlève le temps nécessaire à la discussion de questions importantes.

L'art. 11 détermine la règle qui sera suivie pour procéder au tour de rôle.

L'art. 14 prévoit la non acceptation de ceux qui, pour cause valable, ne pourront remplir les fonctions de Conseillers.

L'article 16 attribue à l'Assemblée générale seule le pouvoir de remplacer les membres du Bureau démissionnaires ou décédés.

L'art. 17 donne le droit à l'Assemblée générale de nommer Administrateurs honoraires avec la qualité qu'ils auront eue en dernier lieu, les présidents ou syndics qui auront rempli pendant quinze ans des fonctions dans le Grand Conseil. Ce sera une retraite toute honorifique accordée à des hommes qui se sont dévoués pendant toute leur vie au service des Sociétés de Secours mutuels. Cette mesure aura de plus pour effet de confirmer un usage établi.

L'art. 28 n'est autre que l'art. 27 de l'ancien règlement et que la commission a cru devoir supprimer. Il exclut de l'Administration ceux qui auraient été exclus d'une Société de Secours mutuels, les faillis et ceux qui seraient répréhensibles sous le rapport des mœurs ou de la probité. Il ne faut pas qu'un appelant à la barre du Grand Conseil puisse venir dire à l'un de ses juges qu'il a commis lui-même la même faute pour laquelle il est condamné. L'honneur et le respect des Sociétés et du Grand Conseil exigent que cet article soit rétabli et l'Administration vous en demande le maintien.

comme une garantie de la moralité de ses membres; de même qu'elle vous demande le maintien du stage (art. 9) comme une garantie de bonne administration. La suppression de ces deux articles suffirait pour motiver le rejet des propositions de la commission :

L'art. 30 donne droit au Conseil d'administration ou au cinquième des membres inscrits de demander des assemblées générales du Grand Conseil. Le 2e paragraphe de cet article concerne l'ordre du jour qui devra être arrêté par l'administration.

L'art. 32 concerne les honneurs funèbres à rendre aux présidents, syndics et administrateurs honoraires qui viendront à décéder, et charge la Société à laquelle appartiendra le défunt d'exécuter les dispositions dudit article.

L'art. 33 et dernier prescrit que le règlement ne sera imprimé, distribué et appliqué que lorsqu'il aura reçu l'approbation de l'autorité supérieure. Cette approbation qui n'est pas indiquée dans le projet de la Commission, donnera une grande force à nos statuts, et l'Autorité ne pourra que protéger et encourager une institution qui donne ainsi l'exemple de la soumission aux lois. Si les

Sociétés ne peuvent fonctionner sans cette approbation, il est de toute évidence que le Grand Conseil ne saurait s'en passer.

Nous voici à la fin de notre examen. Et maintenant, Messieurs, fédéralisez, syndiquez les Sociétés de Secours mutuels, semez parmi elles l'agitation, faites des réunions, colportez des écrits à domicile pour avoir des signatures; le Grand Conseil ne sortira pas de sa ligne, il gardera la dignité de sa prud'homie et n'emploiera aucun des moyens dont on se sert à son encontre. Vous ne voudriez pas de ces moyens dans votre propre famille, c'est-à-dire dans vos sociétés respectives, car vous le savez, « chacun ayant le droit d'exprimer son
« opinion au président et au Bureau de la Société,
« il ne peut être permis à aucun de ses membres,
« en dehors des réunions légales, de s'entendre, de
« se réunir et de pétitionner. On comprend que
« c'est là une sorte de délibération prématurée
« et illégale. C'est une opinion exprimée d'une
« manière qui peut exercer une influence consi-
« dérable sur la décision qui doit être plus tard
« prise légalement par l'Assemblée générale.
« En effet, après avoir signé la pétition, le plus
« souvent sans bien connaître la question, avant

« d'avoir suivi la discussion qui devra l'éclairer
« davantage ; ceux qui ont ainsi attaché leurs
« noms à une opinion, qui ont, pour ainsi dire,
« donné leur vote à l'avance, éprouveront souvent
« beaucoup de peine, et dans tous les cas une sorte
« d'embarras devant leurs camarades, à voter à
« l'assemblée dans un sens opposé. Ce vote n'au-
« rait plus alors le caractère d'impartialité et
« d'indépendance qui peuvent seuls le rendre res-
« pectable, et il serait, dans certains cas, le résul-
« tat de l'intrigue d'un petit nombre. Et puis ce
« mouvement, cette agitation, ces conciliabules, c'est
« du désordre qui doit être, dans l'intérêt général,
« interdit et réprimé. »

(M. Henri Giraud, président du Tribunal civil et de la Société philanthropique de Niort).

Nous avons dit que la mission spéciale du Grand Conseil était de juger les contestations qui s'élevaient dans les sociétés. Le rapporteur de la commission a reconnu lui-même et avoué dans sa brochure (pages 10 et 11) qu'« aucune décision arbitrale n'a *jamais* été rendue contrairement à la justice. Il s'est plu, dit-il, à constater ce fait et à dire combien le fonctionnement du Grand Conseil ne laisse rien à désirer

« à cet égard. Ses décisions, ajoute-t-il, sont tou-
« jours rendues dans un sens conciliateur et sont
« généralement déclarées bien jugées par les juri-
« dictions supérieures, lorsque les mécontents ne veu-
« lent pas s'en rapporter à cet arbitrage fraternel »
Si celui qui nous fait une guerre acharnée et qui a ouvert contre nous la campagne que l'on sait, dit la vérité, on conviendra que sa guerre a un autre motif, ou qu'il ne pense pas ce qu'il dit du Grand Conseil. Il a parlé de routine, d'abus, de rouages vieillis, de pression administrative, de caprice &a. Mais pourquoi, lorsque lui rapporteur, plusieurs membres de la Commission de révision et d'autres opposants étaient administrateurs du Grand Conseil, n'ont-ils jamais parlé de ces choses abominables dont l'aspect repoussant fait frissonner d'horreur et oblige à se voiler la face ? C'est tout simplement parce qu'ils y étaient et qu'aujourd'hui ils n'y sont pas. A ceux, qui disent qu'on n'en-trait dans l'Administration « qu'en faisant des
« courbettes au président », nous demanderons s'ils en ont fait beaucoup avant d'y entrer. Voici, d'ailleurs, l'extrait d'une lettre que le rapporteur écrivait, le 28 Mars 1873, à celui qui venait d'être nouvellement élu à la présidence. Il parle

de son absence à l'assemblée générale des élections, ainsi qu'à une prochaine séance administrative, et il ajoute :

« Je vous prie de m'excuser près de ces
« Messieurs, sur mon peu d'exactitude et veuillez
« le croire indépendant de ma volonté. Je profite
« avec empressement de cette lettre pour présenter
« mes sincères félicitations à vous et à mes nouveaux
« collègues, regrettant bien sincèrement de ne m'être
« associé par mon vote au bon choix de l'assemblée
« générale.

« Recevez, Monsieur le Président, etc.

Signé : Germain : »

Ou les abus sont imaginaires, les rouages ne sont pas vieillis, le mode d'élection n'est pas exécrable, ou cette lettre n'est pas sincère. Le lecteur appréciera.

Nous concluons de tout cela que la guerre, déclarée au Grand Conseil est une guerre de personnalités, ce qui le prouve c'est l'orage qui a éclaté vers la fin de la séance, dans l'assemblée générale du 27 Février dernier, après le dépouillement et la proclamation du scrutin dont voici les chiffres officiels.

Votants 166 Bulletin nul 1 resté 165 ont obtenu :

pour la présidence MM. Maurel 86 M. Chataud 79 voix
pour la vice présidence MM. Forcade 86 M. Millou 79 "
pour le secrétariat MM. Tavernier 85 M. Chastoul 80 "
pour le vice secrétariat MM. Muratory 85 Mrs Wind Rouze 80 "
pour être conseillers MM. Rougier 165 }
MM. Bouës 163 } portés sur les deux listes
MM. Seguéla 101 }
MM. Fouque 85
MM. Roche 85
MM. Cailhol 85

N'ont pas réuni la majorité MM. Dephilippis 80, Audibert 80 Tondu 80 Jeansoulin 59 Gazan 5, Armelin 3.

L'Administration n'a pas voulu répondre avant les élections aux attaques injustes dont elle est l'objet, pour enlever à ses contradicteurs le prétexte que l'on défendait des candidatures, de même que par excès de délicatesse, elle n'a pas voulu annoncer avant le scrutin que l'un des candidats de l'opposition ne réunissait pas les conditions règlementaires pour être président du Grand Conseil, ce qui eût certainement modifié le nombre des voix obtenues par chacun des deux concurrents. Mais maintenant que l'Assemblée a prononcé, l'Administration vient motiver ses propositions de modifications.

regrettant vivement que des personnes très-honorables, étrangères jusqu'à ce jour à nos débats, aient été mises en jeu dans cette élection et qu'elle soit obligée de signaler l'inéligibilité de l'une d'elles. Il est tout aussi regrettable que parmi les 250 présidents et syndics éligibles, l'opposition n'ait pu trouver un seul homme pour la représenter à la tête du Grand Conseil : ce n'est pas flatteur pour la communauté. Il est hors de doute que si la plupart des électeurs avaient connu cette circonstance, ils n'auraient pas donné leurs voix à un inéligible, sous peine de voir annuler son élection. La preuve de cette inéligibilité, résultant du défaut de stage et de la non-qualité de syndic du candidat, consiste, d'abord, en une lettre en date du 8 Juin 1875, par laquelle M. Bernard, président de la Société de St Paul, informait le président du Grand Conseil que l'Assemblée générale, réunie à l'occasion de sa fête patronale, avait nommé M Léopold Chataud, membre honoraire, syndic de ladite Société, en remplacement de M Baumel qui avait donné sa démission pour cause de départ de Marseille. Puis en une délibération prise le 8 Juillet 1875, c'est-à-dire moins d'un mois après la nomination de M. Chataud, par laquelle le Bureau de la Société décidait de retirer une somme de la caisse d'épargne. Cette pièce portant onze signatures et la qualité des onze administrateurs qui ont pris part à la délibération ; laisse voir la signature de M. Baumel avec la qualité de Syndic.

Le président du Grand Conseil, requis de certifier la vérité des signatures et la qualité des signataires, se transporta chez M. Baumel pour s'en assurer ; il le trouva à son domicile et acquit la certitude qu'il n'avait pas quitté Marseille et qu'il avait réellement signé, avec sa qualité de syndic, la délibération qui devait servir de pièce comptable et de décharge à l'administration de la Caisse d'épargne. Et cette signature et cette qualité furent certifiées véritables par le président du Grand Conseil.

On reconnaîtra sans peine que l'administration avait entre ses mains des armes très loyales dont elle n'a pas voulu se servir et qui auraient exercé indubitablement une grande influence sur l'esprit des électeurs. Mais il est bien entendu que, dans toute cette affaire, nous mettons hors de cause l'honorable M Chataud qui n'a probablement assisté ni à l'assemblée générale du 8 Juin, ni au Conseil d'Administration du 11 Juillet, de la Société de St Paul dont il est membre honoraire. Conformément aux prescriptions de l'art. 18 du règlement du Grand Conseil, nulle déclaration n'a été faite, postérieurement au 4 Juillet 1875, pour faire reconnaître M. Chataud comme nouveau Syndic de la Société.

Nous donnons ici acte d'une protestation contre les élections du 27 Février dernier, qui nous a été signifiée par voie d'huissier le 6 Mars 1876 au nom de MM Barthélemy Germain, Victor Barielle, Pierre Bonnet et Désiré Charuti. Nous prierons ce dernier, si cet écrit lui tombe sous la main, de vouloir bien nous indiquer sa demeure, sa qualité et la société à laquelle il appartient, car il ne figure sur aucune de nos listes, n'a pas été convoqué à l'assemblée générale, et n'a pu par conséquent, participer aux élections contre lesquelles il proteste. Il nous est notifié par cet exploit « que les « requérants vont se pourvoir par toutes les voies « de droit à l'effet de déférer leurs griefs à la « juridiction compétente et de faire annuler l'as- « semblée générale du 27 Février dernier, ainsi « que les opérations électorales qui ont eu lieu.

En l'état, et pour laisser rétablir le calme dans nos réunions, l'Administration ajourne toute nouvelle assemblée générale jusqu'à ce que la juridiction compétente, à laquelle on en appelle, ait

[...]noncé, attendant avec confiance son verdict, et [...]us engageant d'avance à nous y conformer.

Nous ne croyons pouvoir mieux terminer [...] exposé, dont on voudra bien nous pardonner la [...]gueur, qu'en reproduisant un court extrait du [...]mpte-rendu de la société de secours mutuels de Cholet [...]Maine et Loire), que nous trouvons dans la livrai-[...]n de Septembre 1875 du Bulletin des Sociétés, page [...]o, et que l'on dirait écrit à notre adresse :

[...] .... Il serait temps de renoncer à certains préjugés, de modifier quelques façons de penser, et par dessus tout d'abandonner une habitude d'opposition dont vous avez fait une espèce de principe que vous appliquez à tout. Beaucoup d'entre vous croient que l'opposition est le signe de l'indépendance et la marque de l'homme libre ; c'est une erreur. La véritable indépendance consiste à suivre la raison ; et il n'est pas indépendant celui qui se laisse entraîner par ses préjugés, ses rancunes ou ses passions, car fatalement il est amené à obéir à des meneurs qui, exploitant sa disposition d'esprit, le dressent à suivre docilement leurs mots d'ordre. »

Pénétrons-nous, Messieurs, de ces bonnes [...]roles et du vrai principe de la mutualité, et vous verrez qu'alors nous serons bien près de nous entendre, sans nous irriter dans des débats stériles qui engendrent la discorde et qui finissent souvent par ruiner les meilleures institutions.

Le Rapporteur,

A : Maurel.

Par délibération de ce jour, l'Administration du Grand Conseil a approuvé le rapport qui précède et en a ordonné l'impression et la distribution.

Marseille le 14 Mars 1876.

Maurel, président, Forcade, vice-président; Tavernier, secrétaire; Muratory, vice-secrétaire; Cauvin, trésorier; Durbec, Prêve; Lombard, Perret, Patat, Fouque, Roche, Cailhol, Conseillers.

Autographie, Vve Lopez, r. d. Templiers, 12, Marseille.

www.ingramcontent.com/pod-product-compliance
Lightning Source LLC
LaVergne TN
LVHW052013160826
845678LV00003B/1031

* 9 7 8 2 3 2 9 6 4 2 2 8 4 *